풀잎의 고집

김용운 시집

문학공원 시선 151

풀잎의 고집

김용운 시집

문학공원

자 서

한 줌 세월의 바람이 지나가며 이것저것 더듬어 때로는 살랑임으로 때로는 세참으로 삶을 흔들어놓은 작은 감정들이 모아져 자그마한 결실을 맺어 또 한 권의 묶음으로 자신의 모습을 드러냅니다.

조각조각 흩어져 있었던 세월의 소품을 모아 함께 느끼고 생각하며 또 다른 바람을 맞으러 오늘을 살아가는 기대 속에서 닫혀있던 마음의 창을 열고 산 너머를 그려봅니다.

이미 지나갔었던 바람인가?

새로운 느낌의 바람인가?

호석(瑚石) 김 용 운

차 례

1부
동강을 지나며

2부
산속에 묻힌 세월

3부
달맞이꽃의 기다림

4부
상수리나무 언덕에서

5부 [수필] 빛이 부릅니다

1부

동강을 지나며

위세(威勢)

동장군(冬將軍) 헛기침에 산천(山川)이 벌벌 떨고
샛바람은 눈치 살피느라 고개를 모로 돌리며
이 골목 저 골목에서 오돌오돌 떠는 나그네
바짓가랑이 속에 살며시 숨어드네

동장군(冬將軍) 큰 소리에 산천(山川)이 꽁꽁 얼고
잔 구름은 먹구름 되어
무엇이 서운한지 눈살을 잔뜩 찌푸리며
을씨년스런 대지(大地) 위에 함박눈을 쏟아 붓네

조령산책(鳥嶺散策)

먹장구름 이불 덮은 새재 한 구비 돌아서니
천년(千年) 지킴이 산성(山城)이 두 눈을 지그시 감고
한 곁에 넓직이 자리한 바당바위
거친 숨 몰아쉬는 나그네 발걸음 붙들고
잠시 쉬었다 가라 하네

관문(關門) 돌아 골짜기 내려가니
하늘에 비췬 맑은 샘 갈증을 멈추게 하고
옹기종기 모여 앉은 천년노송(千年老松)
절름거리는 나그네에게
먹추어 쉬는 것도 사는 것이라 하네

현상(現像)

관악의 천년 지킴이 마당바위를 베게 삼으니
청산은 간 곳 없고
흰 구름만 두둥실 물장구치네

산천이 좋아 산기슭에 서서
고래고래 소리 지르니
나 혼자 덩그러니 한 덩이 바위 되었네

계곡 속에 꽁꽁 숨은 메아리
불러도 불러도 대답은 없고
산하를 제 집 삼은 작은 산새기
쪼르르쪼르르 대신 대답해주네

솔향기 솔솔 풍기는 솔밭에서 하늘을 우러르니
솔잎 하나하나 손가락 펴서
하늘을 향해 가위 바위 보

이 산기슭 저 산 기슭
이 강가 저 강가에 흩어진 인기척
고요를 즐기는 조용함에 실바람으로 다가와
귓전에 자리를 하네

고난과 고독 역경과 갈등으로 세월
하나하나 제 자리에 앉으니
바람에 흐르는 흰 구름도 제 길을 바르게 가네

바람(風) 바람(望) · 1

작은 새가 되어
훨훨 창공을 날면서 산천경계를 두루 다니며
간섭할 수 있는 것은
산하를 넘나드는 바람 때문입니다

한 마리 들짐승 되어
헉헉대면서 산길을 오르내리며
산사나이들과 눈길을 맞추는 것은
먼 산을 넘어온 산바람 때문입니다

고요한 태공이 되어
조잘대며 끊임없이 흐르는 강물을 바라보며
깊게 상념할 수 있는 것은
물보라를 몰고 온 강바람 때문입니다

부지런한 새가 되어
새벽 공기를 가슴에 안고 성전으로 달려 가
조용히 귀를 기우리는 것은
어두움을 들추는 여명과 함께
하늘로부터 나에게 내려오는
개벽의 소리를 듣고 싶은 바램 때문입니다

두 눈을 조용히 감고 봉사가 되어
하늘을 달려가며
무언가를 뜨겁게 찾는 것은
나와 함께하시는 주님과
내가 영원히 있어야 할 그 곳을
먼저 보고 싶은 바램 때문입니다

바람(風) 바람(望) · 2

시위하는 군대처럼 강변에 늘어선
마른 갈대 잎 한 움큼 훑어 두 손에 움켜쥐고
바람에 흩날리며
먼 하늘 바라보고 눈물짓던 나그네

석양에 붉게 어우러진 잔물결에
어깨를 짓눌렀던 상념을 실어 보내고
새 바람 가슴에 가득 안고
먼 하늘 바라보고 씁쓸히 웃음짓네

청소(淸掃)

하얀 물감 하얀 포말 되어
내 얼굴을 덮을 때 내 더러움이 벗겨졌습니다

하얀 수건 하얀 찌꺼기를
싹싹 닦아갈 때마다 내 얼굴이 깨끗해졌습니다

하얀 굴레가 천정에 대롱대롱 매달려
구르고 구를 때마다 내 얼굴이 하얗게 빛이 났습니다

하얀 걸레가 방바닥에 엎드려
문지르고 문지를 때마다 마음에 어지러움이 사라졌습니다

정선 가는 길

동강으로 흐르는 물에 발 담그고 하늘 보니
벼랑 끝
달랑달랑 매달린 천년노송
길게 목 빼고 눈 맞춤하자 하네

새파란 물감 뒤집어 쓴 파란하늘
쉼도 없이 졸졸 쫓아 와
개울에 담근 발
어루만지고 간지럼하며 함께 놀자 하네

서강으로 가는 산길을 넘어가니
깊은 골짜기 속
꽁꽁 숨은 산 개울
허리띠 풀고 쉬어가라 하네

녹음방초 갑옷 입은 첩첩산
쉼도 없이 앞질러 가
헉헉대는 나에게
산비탈에 기대어 어깨동무하자 하네

동강을 지나며

동강이
산 바닥을 살금살금 기어가며
하늘 눈치를 보네

이 모퉁이 저 모퉁이를 돌아갈 때마다
처음 보는 기암괴석에 탄성을 하며
좔좔좔좔 소리를 높이네

큰 바위에 텅텅 부딪칠 때마다
시퍼렇게 멍이 들어 아파하면서도
여전히 하늘 눈치를 보네

첩첩이 둘러 선 산세들은
조금이라도 더 하늘을 가리려는 듯
굽이굽이 늘어서서 내달리는 동강에 얼굴을 비추네

산벼락에 달랑달랑 매달린 바위틈에
지친 몸을 기댄 노송은 실개천처럼 흐르는 동강에
얼굴을 씻으려고 목을 길게 빼고

강변에 흩뿌려진 갈잎들은
한낮의 졸음을 이기지 못하고
강바람에 이리 흔들 저리 흔들 고개를 흔드네

힘

둥둥둥둥
장엄(莊嚴)한 북소리에 여명(黎明)을 앞세우며
오늘도 새 날이 밝아 온다
푸른 물줄기 붉은 옷으로 갈아입히고
히쭉히쭉 웃어가며 붉은 태양(太陽)이 솟구쳐 오른다

검은 옷에 짓눌려
밤이 새도록 숨죽이며 어깨를 한껏 움 추렸던 산천들이
화안한 웃음을 짓는다
모두가 새새(色色)으로 제 옷을 갈아입고
새 아침을 맞느라 분주하지만
붉은 태양(太陽)은 오늘도 묵묵(默默)히 제 길을 간다

길 · 1

산비알을 기어오르는 나그네 등이
곱사등처럼 보이는 것은
아직도
고뇌의 짐을 내려놓지 못함이요

찢어져라 한껏 팔을 벌리고
파란하늘을 우러르면서도
얼굴이 한없이 일그러지는 것은
잡다한 상념에 꽁꽁 묶인 것이 많기 때문이외다

걸음걸음이 아스팔트에 질질 끌리는 것은
어떻게든 세월의 무게를 이겨보려고
몸부림하는 마지막 저항이며
삶의 오기올시다

입안에 가득 고인 단내를 푸푸거리면서도
내가 걸어 온 길을 또 다시 힘차게 가는 것은
그 길 위에서
내 인생의 진한 맛을 되찾기 위함이외다

길 · 2

실같이 가는 허리로 몸맵시 자랑하며
빼곡히 자리 잡은 나무숲을 헤치고
오늘도 산길을 넘어 간다
누가 대신 갈 수도 없는 첩첩의 산길이기에
진땀을 수없이 닦아가며
오늘도 쉬지 않고 이 길을 간다
바싹 마른 목줄기에
한 모금 생수로 위로를 받으며
오늘도 언덕너머를 복고 나는 간다

하얀 옥양목을 곱게 펼쳐놓은
강나루 길을 오늘도 나는 간다
굽이굽이 돌고 또 돌아
그 끝이 보이지 않아 목을 길게 빼고 모퉁이를 건너 보며
오늘도 쉬지 않고 이 길을 간다
찬바람이 코를 비틀어도
뜨거운 바람이 목을 졸라도
큰 바람이 발목을 잡아도
오늘도 강 건너를 보고 나는 간다

강(江) 강(降) 강(强)

동강이 푸른 것은
청산의 푸르름을 가슴에 안고
도도하게 흐르기 때문이요

서강이 희멀건 것은
뭉게구름의 흰 옷자락을 허리에 두르고
이리 둥실 저리 둥실 함이라

남한강이 잿빛인 것은
인간의 욕심을 가슴에 숨기고
두 눈을 흘김으로 생김이요

북한강이 검푸른 것은
고산의 기운을 가슴에 품고
입을 굳게 다물기 때문이라

갈증(渴症)

마른 목 축이려고 깊은 계곡 내려갔더니
맑은 샘
마른가지 뒤에 꽁꽁 숨고
색 바랜 갈잎만 수줍은 얼굴 붉히네

알싸한겨울바라 맞으려 산기슭 올랐더니
한 바람이
바위 뒤에 꽁꽁 숨어
앙상한 나뭇가지 이리저리 흔들며 심통하네

높고 낮음

높은 곳을 향해 높이 나는 높새는
높은 곳에서 더 높은 곳으로 오르지 못해
꺼이꺼이 울고

낮은 곳으로 내려가며 낮게 나는 낮새는
더 낮은 곳을 찾지 못해
작은 머리를 떨구네

높은 곳이 좋고 좋아 높은 곳으로 오르고 오르는
욕망의 불덩어리는 더 높은 곳을 바라보다
깊은 계곡으로 추락하고

낮은 곳이 싫고 싫어 높은 곳으로 오르려 하나
가랑잎이 낮은 곳에서
바짓가랑이 붙들고 함께 낮아지자 하네

묵묵(默默)

늦겨울의 알싸한 바람을 가슴에 가득 안고
붉은 노을을 바라보는 나그네
따사롭게 흩날리는 봄볕을 기다리며
겨우내 얼어붙은 가슴을 녹이고

하얗게 익어 강변에 누워있는 갈대를 두 눈에 가득 담고
찰랑이는 물결을 바라보는 나그네
말도 없이 흐르는 물결에
젖은 마음을 두둥실 실어 보내네

명암(明暗)

어스름 어두움을 찾아가는 나그네여
어두움에서 무엇을 찾으려고
침침한 눈을 비벼가며 더듬거리는가
어두움 속에서 무엇을 찾으려하지 말고
그냥 두 눈을 꼭 감고 모른 체 하자

여명의 빛을 찾아가는 나그네여
광명대천에 무엇을 찾지 못해
이리저리 두리번거리며 눈을 돌리는가
밝은 날에는 찾고자 하는 것을 확실히 찾아
다함께 손을 흔들며 즐거워하자

화상(畵像) 채팅

파란 하늘에 하얀 물감 흩뿌려
뭉게뭉게 흰 구름 만들어
먼 산위에 살그머니 얹어 놓고
실눈으로 가물가물 하얀 새를 그려봅니다

큼지막한 대나무 빗자루에
홍건하게 먹을 묻혀
먹장구름 만들어 지붕 위에 얹어놓고
툇마루에 쪼그리고 앉아 하늘을 바라봅니다

파란 호수에 녹색 물감 풀어
가지런히 놓아 푸른 숲 만들어
파란 하늘을 떠받히게 하고
호숫가 푸른 잔디에 큰大자로 누워 하늘을 보듬어 안습니다

세월의 풍상과 씨름하느라
꼬불꼬불 꼬부라진 늙은 소나무 감싸 안으며
잠시도 함께 하지도 못하는 뜬구름에게
늙어감을 원망하듯 손가락질합니다

풀잎의 고집

길섶에 쪼그리고 앉은 나는
지나는 발걸음에 툭툭 차여도
아프다고 말 한마디 못합니다
흙먼지 훌훌 날리며 내 얼굴에 분칠을 해도
그만 하라고 하지 못 합니다
검은 연기 코끝에 훅훅 불어대도
재채기 한 번 크게 못 합니다

아이들이 고사리 손으로 팔 다리를 박박 뜯어대도
그저 이만 악물고 있을 뿐
아프다고 소리 지를 수도 없습니다
철없는 강아지 내 얼굴에 오물을 질질 깔겨도
그저 침묵할 뿐입니다
그럴수록 나는 뿌리를 더 깊게 내려
내 자리를 지켜갈 뿐입니다

망향의 길목에서

뙤약볕에 시냇물이 흐르듯
고속도로 강에는 느릿느릿 갈 짓자 걸음으로
자동차들이 고향으로 흘러갑니다
붉은 입술 굳게 베어 물은 고추들이
처마 끝에 달랑달랑 궁둥이를 흔들며
고향 찾는 효심을 기다립니다

황금 들판에서
잔물결 놀이 하는 잔바람은 요리조리 쏘다니며
굵게 익은 벼이삭의 머리를 밟고 다닙니다
예쁜 얼굴 발갛게 화장한 홍시들이
마른가지에 살랑살랑 몸을 비비며
고향 찾는 님을 기다립니다

여유

한바탕 퍼부으려고
두 눈을 부릅뜨고 으르렁거리며
먹장구름이 몰려오는데도
하얀 얼굴 치켜들고
해쭉 웃는 논두렁 들꽃

힘자랑하느라
두 어깨에 잔뜩 힘주고 으쓱거리며
태풍이 몰려오는데도
두 발에 힘주고 팔짱낀 채
입을 굳게 다문 고산 노송

노을 지는 늦여름
강변 따라 흐느적거리며
연인들이 몰려오는데도
보는 듯 마는 듯
고개 흔드는 하얀 갈대

도시의 네온
강줄기에 어른거리며
깊은 밤이 몰려오는데도
하얀 찌에 고래 기다리며
새다리 늙은 낚시꾼

하얀 꽃

나그네 회한(悔恨) 하늘에서 듣고
눈물을 닦아주려 하얀 꽃잎 되어
백발(白髮)에 내려앉고
지나는 바람
허름한 옷깃 여미게 하려
살갗을 살며시 찌르네

나그네 발자취 뒤돌아보게 하려고
하얀 꽃 백설(白雪)되어
발걸음에 내려앉고
때 묻은 옛 친구 주름진 얼굴 보게 하여
경거망동(輕擧妄動)말라고
심부(心府)를 드려다 보게 하네

2부

산속에 묻힌 세월

기다림 · 1

늙어빠진 느티나무 고목(古木) 늘어진 어깨에
세월(歲月)의 보따리 짐 지고
미우나 고우나 때를 맞추어 찾아오는 바람들과 입씨름하며
설 명절에 색동옷 입고 찾아오는 옛 동무를 기다립니다

찬바람 비켜가는 양지(陽地)에
작은 집 짓고 깊은 한 숨 몰아쉬며 세월의 덧옷을 걸치고
문안 인사하러 쉬엄쉬엄 찾아오는 바람들에게
설 명절에는 내 아들이 찾아오려나 안부를 물어봅니다

기다림 · 2

세월의 풍상을 나그네에게 보이려
계룡의 길을 막고 늘어 선 천년 고목
삭풍에 진저리하며 꽃샘을 준비하는
봄맞이 꽃나무들에게
흐르는 세월의 지킴이 되라 한 들
무슨 소용이 있나

세월을 등에 업고 나그네를 쉬게 하려
산 어귀를 막아 누운 천년바위
한겨울에 언 손 비비며 봄맞이 하는
산 지킴이 노송에게
세월의 흐름 속에 늙어 감을 한탄한들
무슨 소용이 있나

세월(歲月) · 1

바람에 실려간 나그네 발걸음은
관악 모퉁이에 힘없이 걸려 있고
양지의 따사로움에
까빡까빡 졸던 오수(午睡)의 즐거움은
서산(西山) 넘어가는 저녁 햇살 속에서 조용히 눈을 감네

가슴 깊이 파고들던 정감(情感)어린 속삭임도
세월의 연륜(年輪)에 눌려 어디론가 숨어버리고
양지의 따사로움을 찾아 담 모퉁이에 기대서서
한번이라도 더 느끼려고
동산(東山) 넘어가는 저녁 햇살 붙들고 조용히 눈을 감네

세월(歲月) · 2

쌀쌀이 가을이는 재 넘어 오고 싶어
산 너머 기슭에 숨어 연민의 눈길을 보내는데

푹푹이 여름이는 찬바람에 쫓겨 가기 싫어
풀섶에 숨은 노랑꽃 붙잡고 장대비와 씨름하네

젊은이는 큰소리치며 행세하고 싶어
연륜이 되기를 손꼽아 기다리는데

늙은이는 세월에 떠밀림이 싫어
옛일 가슴에 붙잡고 빛바랜 사진과 눈씨름하네

세월(歲月) · 3

세월아
네가 언제 가지 말라고 해서 네 갈 길을 가지 않았느냐
네가 가고 싶은 대로 가고
이제 와서 뒤돌아 본 인생을 탓하느냐
뒤돌아보아도 다시 생각해 보아도
되돌릴 수 없는 너를 붙잡으려고
오늘도 나그네는 주름진 얼굴을 드려다 보며
두 눈을 질끈 감는다

사람아
네가 싫어서 세월을 등짐지고 재 너머 가지 않았느냐
갈 때는 미련도 깨끗이 씻고
이제 와서 날아간 세월을 탓하느냐
뒤를 돌아본다고 지워진 시간들이
반가움으로 웃음을 짓겠느냐
오늘도 나그네는 허연 머리 들여다보며
멍하니 먼 산을 바라본다

세월(歲月) · 4

세월아!
새 시대를 맞이하는 이 아침에도
너는 영락없는 나의 친구요
나의 동반자로구나

너는
오늘도 어김없이 이른 새벽에 나를 일깨워
네 갈 길에 나를 길동무 삼는구나

세월아!
나그네 된 내가
어차피 너와 함께 가야하는 삶이라면
나를 꼭 보듬어 안고 서로 좋아하며 가자꾸나

너는
오늘도 어김없이 나를 찾아왔고
나는 네 숨소리와 함께
또 하루의 고개를 신명나게 넘어가려 한다

떠나가는 바람

바람아 훨훨 날아가라
이제 여기 머물지 말고
네 길을 네 마음대로 가려무나

꽃향기 가슴에 가득 안고
헉헉대며 산을 넘어가든지

된서리 몽둥이에 쫓기듯
텅 빈 들판을 달려가든지

아니면 두 손 잡고
나그네와 화해하든지

바람아 훨훨 날아가라
아픔과 갈등을 가슴에 품고
멀리멀리 네 길을 가려무나

애증의 눈빛으로
노려보며 넘어가든지

한숨으로 세월을 보상하듯
아쉬움을 가지고 달려가든지

그러나 따사로운 햇볕은
꼭 남겨두고 넘어가려무나

내가 지금

내가 지금

다른 이의 어려움을
볼 수 있다는 것은
내가 지금 넉넉함이 있음이요

다른 이의 아픔에
안타까워 할 수 있다는 것은
내가 지금 건강하다는 것이며

다른 이의 눈물을
닦아줄 수 있다는 것은
내가 지금 연민이 있다는 것이고

다른 이의 모습 속에서
불평할 수 있다는 것은
내가 지금 많은 것으로 만족하고 있다는 것이외다

내가 어려울 때에
다른 이의 도움을 받을 수 있다는 것은
내가 그의 사랑에 감사함을 느껴짐이요

내가 아플 때에
다른 이의 위로와 간호를 받을 수 있다는 것은
내가 지금 외롭다는 것이며

내가 잘못했을 때에
다른 이의 비난과 미움을 받을 수 있다는 것은
내가 지금 진실을 나누지 못하고 있다는 것이고

다른 이의 모습 속에서
만족할 수 있다는 것은
내가 지금 누리는 만족을 나누어야 한다는 것이외다

풍경

붉게 지는 해 서산에 몸을 숨겨
하얗게 뜨는 달 바라보고

하얗게 뜨는 달 동산에 고개 내밀어
붉게 지는 해 바라보네

검은 파도 하얀 이 드러내어
하얀 백사장에 엎드러지고

하얀 구름 슬금슬금 내려 와
검은 산에 기대어 눕네

우풍(友風)의 소망

산에서만 노니는 산바람과
산기슭에 돌 베게 하고 눕고 싶다

두둥실 지나가는 하얀 구름과
손잡고 둥실둥실 춤추고 싶다

밭두렁을 헤집고 다니는 들바람과
밭두렁에 하늘보고 눕고 싶다

두둥실 지나는 하얀 구름 불러 세워
나그네의 먹먹한 가슴을 들여다보고 가라고 하고 싶다

강가에서만 노니는 강바람과
강가에 누워 강물소리를 듣고 싶다

살금살금 지나는 나룻배에 지친 몸을 누이고
흐르는 강물따라 둥실둥실 떠다니고 싶다

숲속을 헤집고 다니는 숲바람과
숲속에 누워 바람소리를 듣고 싶다

살금살금 지나는 새끼 다람쥐를 불러 세워
나그네의 하얗게 센 머리를 세어보고 가라고 하고 싶다

어울림

청산을 외발로 딛고
홀로 서 있는 노송이
고독을 즐기려 홀로 서 있는 것이 아닙니다
홀로 서서 산천을 바라보다 보니
세월을 가슴에 품고
청산과 어울림이 된 것뿐이외다

강변에 부는 바람에
흔들리는 갈대가
춤을 추고 싶어서 흔들흔들하는 것이 아닙니다
두 눈을 지그시 감고 강바람을 쐬다보니
흐르는 세월 속에
강물과 춤을 추는 것뿐이외다

바람아!

강기슭을 휘돌아가며 부는 바람아
세월 속에서
네 마음대로 흔들어 놓았던 갈대의 아픔을
저 멀리 강 건너로 가져가라

부러지고 싶지 않아
이리 흔들 저리 흔들
나룻배를 노 젓는 늙은 사공과 눈 흘김을 하련다

산기슭을 거슬러 올라가며 부는 바람아
계절 속에서
네 마음대로 주무르던 빨간 작은 꽃의 아픔을
멀리멀리 산 너머로 가져가라

계절의 흐름에
더 많은 꽃을 피우고 싶어
초저녁 산을 오르는 나그네와 입맞춤 하련다

옛 동무

강 건너에서 나를 부르며 손짓하는
옛 동무 얼굴이 삼삼히 떠올라
강을 건너려 강나루에 갔더니
나룻배도 없고 사공도 없네

옛 동무를 향한 나그네의 사모함을
조금이라도 헤아린다면
출타한 사공이 돌아오련만
사공은 나그네의 기다림을 모른다네

산 계곡 샘터에서 손짓하며 나를 부르는
옛 동무의 목소리가 바람 타고 들려와
산을 오르려 산기슭에 갔더니
샘터도 없고 메아리도 없네

옛 사랑을 찾는 나그네의 애절함을
조금이라도 알기만 한다면
바람에 스러진 메아리라도 돌아오련만
옛 사랑은 아직도 나그네의 기다림을 모른다네

허공

행복을 만나려 행복잔치에 갔더니
행복은 간 데 없고
식탐이가 큰 자리에 앉아
저 마다 큰 입을 아귀처럼 벌려
이것저것 가리지 않고 잘도 먹어대네

성공을 하려고 목적이를 찾아갔더니
목적이는 간 데 없고
시샘이가 제 주인이 되어
목적이를 만나지 못하게 하려고
눈길을 사방으로 돌리며 샛눈을 꿈벅이네

산속에 묻힌 세월

헉헉 턱에 걸려 모진 숨을 몰아쉬며
산등성을 기어오르는 나그네
거친 숨소리에 잃어버린 세월을 돌아보고

방울방울 주름진 이마에 흐르는 땀방울로
걸음을 세며 산모퉁이를 돌아가는 나그네
늦가을 소에 깊숙이 묻힌 세월을 이리저리 더듬어보네

터벅터벅 무거운 발걸음을
가느다란 지팡이에 온 몸을 기대 선 나그네
빼꼼이 뚫린 하늘에 지나간 세월을 그려보고

일찌감치 하산하는 산사나이들의 눈총을 뒤로 하고
어둠의 옷자락으로 벗을 삼은 나그네
짙게 물든 단풍에 가려 꽁꽁 숨어버린 세월을
두리번두리번 거리며 애써 찾으려 하네

새벽을 맞이하며

하늘로부터 내려온 하얀 빛 한 줄기
내 마음에 비추어 내 가슴이 뜨거워질 때
쿵쾅쿵쾅 뛰는 가슴
두 손으로 감싸 안으며 하늘의 감격을 맛보았고

산모퉁이 돌아온 알싸한 바람
내 가슴에 불어 내 옷깃을 스칠 때
떨리는 가슴
두 손으로 옷깃을 여미며 내 삶을 돌아보았네

동해를 딛고 올라 온 붉은 태양
내 마음에 비추어 내 몸을 감싸 안을 때
부들부들 떨리는 가슴
밀려오는 파도와 함께 그 위엄에 무너지고

울산바위 돌아온 동해의 거친 바람
새벽을 맞는 나그네의 옷깃을 흔들며
혼자 가는 삶의 길에
길동무가 되겠다고 거칠게 어깨동무하네

꿈

터벅터벅 무거운 발걸음으로
쉼도 없이 설산을 오르는 것은
높은 봉우리에 걸터앉아
세상을 향해 헛기침하는 흰 구름을 손에 잡아
욕망의 빈 그릇에 꿈을 담고 싶기 때문입니다

동동동 발을 구르며
끊임없이 강변을 떠도는 것은
물보라 속에 깊숙이 숨어 있어
색색으로 유혹하는 무지개를 잡아
내 영혼의 도화지에 꿈을 그리고 싶기 때문입니다

공허한 변명

갈대들의 한겨울 깊은 이야기 들으려
강변에 갔더니
강바람이 모두 보듬어 안고 뒷동산을 넘어갔네

뒷동산에 쫓아 올라 강바람을 잡으려 하니
강바람은
이미 높은 산에 붙잡힌 산바람이 되었네

노송의 곁을 지나 간 세월의 풍상을 들으려
높은 산에 올랐더니
노송은 두 눈을 감은 채 상념에 잠겨 있네

노송에 기대어 먼 하늘을 바라보니
하얀 구름이 살며시 다가와
손을 잡고 함께 내려가자 하네

문수산성에 올라

숨 가쁜 험산 계곡에
달아오른 가슴을 담그며 물 띠 두른 강화를 보니
배 깔고 누운 들녘에
황새 한 마리 고개를 꺼떡이며 인사를 한다

첩첩이 둘러 선 노송에
벌겋게 달은 허리를 기대며 회 띠 두른 김포를 보니
검은 허리띠에 자빠진 자동차 행렬
제 집을 찾아 설설 기어간다

둥근 저 달

한가위 큰 명절
고개를 떨군 채 뒷동산에 올라
둥실둥실 떠오르는 둥근 달에 어머니 얼굴 그리고
두 눈을 지그시 감아
다시는 오지 않는 인고의 세월을 되짚어 보네

앞산을 넘어온 바람
둥근 달에 얼비친 어머니 얼굴 어루만지고
슬그머니 되돌아 나에게 다가와
주위를 빙빙 맴돌며
어머니 내음을 내 가슴에 전해주네

3부

달맞이꽃의 기다림

봄바람 · 1

샛바람
허름한 나그네 호주머니에 살그머니 들어와
팔 베게하고

휙바람
당당한 젊은이 가슴에 큰소리치며 들어와
함께 가자고 하네

돌개바람
산길을 맴맴 돌아 산 사나이 배낭 속에
쉼터를 하고

꽃바람
봄의 골목에 기대 눈웃음하며
사랑하는 사람 두 손 붙들고
덩실덩실 춤추자 하네

봄바람 · 2

강바람은 강기슭을 가지 말라 해도
굽이굽이 해찰하며 잘도 돌아가고
산바람은 산기슭을 뱅글뱅글 돌고 돌아
산모퉁이에 쪼그려 앉은 나그네 품으로
살며시 들어오네

들바람은 휑하니 빈 들녘을 가지 말라 해도
꽃 몽우리 가득 담은 맑은 웃음으로 슬금슬금 다가
오고
회리바람은 심술 가득 안고
먼 산 바라보는 나그네 눈에
흙 내음을 가득 부어주네

봄비의 마음

오지 말라는데도 슬금슬금 다가온 먹장구름
나그네 마음에 어두움을 실어주고
더 있어 달라는데도 슬금슬금 숨어드는 봄볕
나그네 입숙을 굳게 닫히게 하네

오지 말라는데도 쌕쌕쌕 불어오는 한겨울의 남은 바람
나그네 마음에 알싸함을 심어주고
더 있어달라는 마음을 보았는지
사르륵사르륵 봄비가 나그네 옷깃을 적시네

초여름의 향기

작은 뜰악에 쪼그리고 앉아
하얀 햇살을 받은 하얀 꽃잎에서
모락모락 피어난 라일락 향기가
창가에서 초여름의 오수(午睡)를 즐기는
나그네 입가에 살포시 내려앉았네

하늘에 활짝 피인 흰 구름을 머리에 이고
두 눈을 살포시 감은 나그네의 눈가에
하얀 파도가 흰 구름을 타고 너울너울 춤을 추며
나도 함께
초여름 오수(午睡)를 즐기자 하네

초로(初老)의 봄

초로(初老)의 나그네 발걸음 붙들고
올해도 어김없이 봄이 오네
남녘 꽃 내음을 훈풍(薰風)에 가득 싣고
나그네에게 입맞춤하려고 숨 가쁘게 달려오네

뒷동산 작은 바위에 걸터앉아
따스한 숨결을 맡으며 아지랑이 따라오는 봄을 기다리네
초로(初老)의 나그네 마음을 훔쳐 강 건너로 달아나
시시덕거리는 봄을 기다리네

봄나들이

흩뿌리는 벚꽃 사이로
나풀나풀 봄 나비가 함께 춤을 추네

지워져 가는 개나리 사이에
노랑나비가 까빡까빡 졸고 있네

진홍빛 진달래 사이에
꽁꽁 숨은 새아씨의 옷자락이 보이네

밤새 내린 비 사이로
깡충깡충 벚꽃 잎이 저 만치 달아나네

곰삭은 느티나무 사이로
휘리릭휘리릭 봄바람이 휘돌아 오네

뒷산에 걸린 흰 구름 사이로
몽실몽실 꽃동네가 만들어지네

봄바람

산바람에 떠밀려 깊은 골짜기에 내려가니
칙칙한 바위 틈새에 봄의 노래가 있네

강바람에 재촉한 발걸음 마른 갈대 숲 헤치니
질척한 갯칠 속에 봄의 숨결이 있네

들바람에 얻어맞고 밭두렁에 주저앉으니
무너진 밭고랑 사이로 봄의 향기가 가득하네

냇바람이 보고파 냇가를 더듬어 올라가니
냇바람은 간 곳 없고 나그네의 빈손만 허공을 치네

봄이 오네

봄이 오기 전에
눈물 가득 고인 먹장구름이 전령으로 먼저 오네

외기러기
봄소식 가슴에 안고 제 고향으로 돌아가네

외양간 누렁이
봄내음에 고개 흔들며 들판으로 나가자 하네

그늘진 산기슭에
옹기종기 모여 앉은 잔설이 계곡 따라 발걸음을 재촉 하네

날다람쥐
사방을 이리저리 휘두르며 봄 소식을 애타게 기다리네

꽁꽁 언 바닥에 누운 나그네
언 몸을 뒤척이며 봄내음에 무거운 눈을 다시 감네

꽃바람

산너울 모퉁이에
고개 숙인 작은 꽃은
수줍음으로
산 길 가는 나그네의 웃음이 되고

들녘 밭두렁에
고개 든 작은 꽃은
방긋방긋 웃음으로
밭갈이 하는 농부의 동무가 되네

산기슭 언저리를
돌아가는 봄바람은
따스함으로
산 길 가는 나그네의 동무가 되고

들판을 헤집고
스며드는 봄바람은
스멀스멀 간지럼으로
밭갈이 하는 농부의 웃음이 되네

달맞이꽃의 기다림

오늘도 길모퉁이를 붙잡고
하나 둘 별을 세며
새벽길 가시는 님을 기다립니다

새벽이슬에
노랑저고리 적셔가며
님을 기다립니다

한없이 수줍어
고개를 떨군 채
님의 발자국을 기다립니다

풀벌레가 불러주는 노래 소리에
콧노래를 불러가며
새벽이 오기를 기다립니다

살랑살랑 불어주는 밤바람에
엉덩이를 흔들며
여명을 기다립니다

밀려오는 졸음을 이기려고
고개를 흔들며
님의 숨결을 기다립니다

망청풍(望淸風)

푸른 하늘 사모하여 고개를 들어보니
그 푸르름 어디로 가고
먹장구름 큰 눈 부릅뜨고
씩씩거리며 나그네 눈을 가리네

따스한 남풍 맞으려 남으로 내려가니
그 훈훈함 어리로 가고
찬바람 어깨를 으쓱으쓱
큰소리하며 나그네 가슴에 파고드네

한여름

한여름 뙤약볕 한 짐 등에 걸머지고
시골 우체국 뜨락에 쪼그리고 앉은 나그네
잘 다듬어진 화단 옆
한 송이 야생화와 눈 마주치며
무엇이 마음에 있어
갈 길이 먼데도 자리를 털지 못하나

한여름 장마 비 한아름 가슴에 보듬어 안고
산골 저수지 뚝방에 쪼그리고 앉은 나그네
저수지 바라보며
홀로 지쳐버린 노송과
어깨를 기대며 무슨 할 말이 그리 많아
장대비 맞아가며 중얼거리고 있나

장대비

어제 늦은 밤부터 모질게 내리던 장대비가
주먹으로 쾅쾅쾅 유리창을 두드린다
나그네와 동무하자고 조르는 바람에
잠자리를 뒤척이다 날이 새고 아침을 맞는다
장대비는 밤이 새도록 창을 열지 않는
나그네를 원망하고 떠나려나 보다
쿵쾅쿵쾅 발을 구르며 개울을 타고 떠나 갑니다

어제 장대비로 산천의 수목들은
저마다 잘난 척 고개를 바짝 쳐들고 어깨를 으쓱으쓱 한다
야생화는 개울가 한쪽 구석에서 어깨를 잔뜩 움츠리며
덩치 큰 나무 밑둥치을 붙잡고 안간 힘을 쓴다
나그네는 어디로 갔는지 그 자리만 움푹 파여
눈길을 붙잡고 놓지를 않는다

가을 산의 노래

등 굽은 언덕이 있어 산에 올라갑니다
갈바람 타고 흩날리는 붉은 꽃에
주름골 깊은 얼굴을 부비려고 올라갑니다
언덕에 배 깔고 길게 누운
큰 바위에 앉고 싶어 올라갑니다

깊게 파인 계곡이 있어 산을 내려갑니다
꽃잎을 싣고 졸졸졸 흐르는 개울물에
부르튼 발을 잠그려고 내려갑니다
쫄쫄쫄 흥얼대는
샘물과 노래하고 싶어 내려갑니다

가을아!

곱디고운 색동 옷
산하에 아무렇게 벗어던지고
북풍에 떠밀려
남으로 쫓겨 가는 애련한 가을이가 보고 싶어
가쁜 숨 몰아쉬며 관악을 찾았더니
나그네의 주름진 얼굴만 흘끔흘끔 돌아보며
따스한 남으로 떠밀려 가네

세세하게 수놓은 색색 옷
된서리가 무서워
다 짓지도 못하고
어깨를 늘어뜨리고 떠나가는 가을이가 보고 싶어
연민을 가슴에 안고 관악을 찾았더니
한 줌 낙엽 된 꼬까옷 내려다보고
북풍이를 쳐다보며 눈물 가득 고인 눈으로
나그네에게 고개 숙여 인사하는 가을아

오대산 단풍

등 떠미는 동해를 흘금대며
오대산을 바라보니
산봉우리가 낮아지기도 하고 높아지기도 하는 손짓에
눈길을 돌리고
살며시 산줄기 타고 내려온
가을바람이 옷깃을 잡으며 동무하자고 얼굴을 부비네

우뚝우뚝 알통을 자랑하며 우뚝 선 산봉우리마다
옷 자랑에 눈을 흘기고
산행하는 나그네들도 오대산과 어울리는 단풍 되어
꽃잎 속에 숨어버리고
하늘에서 흩뿌려 놓은 물감이 수목마다 채색 옷 되어
산천을 덮고 덮어 하늘을 더 높게 하네

가을비

뒤뜰에
가지런히 손 모으고 때때옷 자랑하던 작은 단풍
가을비에 붉은 얼굴 더 붉어지고

가로에
굵은 다리 버티고 힘 자랑 하던 백양목
가을비에 얼굴울 찡그리네

산천에
웅성웅성 어깨동무하고 때깔 자랑하던 수많은 수목
가을비에 발갛게 수줍어 하고

바닷가에
두 팔 늘어뜨리고 여명에 실눈 뜨던 해송
가을비에 세월을 던지네

가을은

남 몰래 때때옷 갈아입고
몸짓하며 눈웃음으로 유혹하다
소리 소문 없이 살짝이 숨어버린 술래잡기

남몰래 눈짓하며 산 넘어온 소슬바람과
요리조리 몸을 흔들며
춤추며 맵시를 자랑하는 바람둥이

멀리서 들려오는 동장군의 발자국 소리에
때때옷 벗어던지고
수줍은 듯 고개 숙이는 변덕쟁이

유혹의 휘파람 불며 살랑살랑 불어오는 바람에
눈을 흘기며
한 잎 또 한 잎 옷을 벗는 연애쟁이

가을을 찾으려

실눈 가늘게 뜨고
고달픈 인생에 쉼을 주기 위해
가을 내음을 가득 뿜는 들국화를 보려
뭉게구름과 입맞춤하는 들판에 나갔더니
코스모스만
바람 난 여인처럼 살랑살랑 허리를 흔드네

산등성이 깔고 앉아
하늘을 오르는 바람에게
쉴 자리를 펼치고 있는 천년바위를 보려
먼 산과 짝짓기 하는 앞동산에 오르니
청솔만
심술동이처럼 절래절래 고개를 흔드네

종추(終秋)

헛기침으로 걸걸대는 동장군의 으름장에
기세 눌린 가을이가 남풍 따라 쫓겨 가는 것이
측은하기만 합니다

때때옷 맵시 자랑하며
나그네에게 추파 던지던 눈웃음도
아련히 눈빛만 남긴 채 재 너머로 달아납니다

천지가 제 것인 양 마음껏 채색하던 붓놀림도
북서풍에 밀려 꽁꽁 언 손 감싸 안으며
따스한 남으로 넘어갑니다

텅 빈 들녘에는 길 잃은 철새들이
헐벗은 허수아비와 쪽쪽 입을 맞추며
어렵살이를 이야기합니다

귀향추풍(歸鄕秋風)

금물 부어 노랗게 번들거리는 들판을
가로 질러가는 하얀 도로가
허리띠를 꽁꽁 졸라맵니다
풍성한 먹거리로 통통하게 살이 오른 작은 새
푸더덕푸더덕 날갯짓으로 가을을 날아갑니다

가을걷이로 까맣게 그을린
늙은 농부의 두툼한 손마디에
가을이 가득 합니다
빨갛게 익어가는 고추를 등짐지고 있는 낮은 지붕이
고향 내음을 솔솔 풍기며 발걸음을 재촉합니다

만추

푸른 하늘 도화지에
하얀 구름으로 하얀 집 짓고
노랗게 곰 익은 국화 한아름
보듬어 안고 산길을 간다
색색이 꽃단장하고 요염하게 미소짓는
가을 처자들의 몸놀림에
가을 나그네 입가에 빙그레 웃음이 맴돈다

파랗게 물든 호수에
너울너울 오두막 짓고
빨갛게 익은 감송이 한아름
보듬어 안고 들길을 간다
누렇게 익은 얼굴로 허허거리는
가을 머슴들의 춤바람에
겨울로 가는 나그네 가슴에 촉촉한 눈물이 흐른다

초겨울 아침

한설(寒雪)이
새벽 틈에 뒤곁에 살포시 내려앉아
부지런 떠는 나그네 눈에
새하얀 옷을 입히고
설풍(雪風)이
한설(寒雪)이의 예쁜 볼에 예쁘게 뽀뽀하며
새벽길을 졸랑졸랑 따라가네

새벽안개
뒷동산 휘돌아 잔솔가지에 기대앉아
부지런한 아나네에게
찡긋 눈웃음치고
아침햇살 슬금슬금 언덕을 기어올라
산등성이에 얼굴을 내밀어
게으른 남정네 잠자는 얼굴에 눈총을주네

초동(初冬)

먼 하늘을 바라보는 검은 눈동자에
눈물이 가득 고인 것은
모질게 지난 세월의 회한이
여린 가슴을 세차게 두드림의 표징입니다

뒷짐을 지고 헉헉대며 산 비알을 오르는 것은
인고의 세월을 살아온 무상(無想)을
깊은 산에 묻고 싶음입니다

찬바람에 실려 신록이 휑하니 떠나버린
들판을 바라보며 초점을 흐리는 것은
세월 속에 거두었을
열매가 보이지 않음입니다

황량함에 지친 마른 갈대를 바라보며
두 눈을 지그시 감는 것은
남은 세월의 느낌입니다

너울

냉랭한겨울바람과 함께 찾아온
어두움의 너울을 쓰고
두 눈이 한껏 무거운 나그네는
앞동산을 향해 발걸음을 옮기고
어두움의 너울을 덮은 산자락에는
마른 나뭇잎들이 추위에 이를 딱딱 마주치며
한겨울을 염려합니다

한밤중에 불쑥 찾아온 불청객에게
무엇을 하다 들켰는지
산새 한 마리가 제 보금자리를 찾아가느라
후두둑 혼비백산하고
밤 깊은 산중에는 인기척도 없고
검은 너울을 두껍게 덮은 나그네의 눈에만
불빛이 가득합니다

김장하던 날

보고 싶지도 만나고 싶지도 않은
된 서리가 오기 전
어느 님이
나를 생각하고
나를 사랑하며 나를 데려갈까

풍상에 절은 내 몸을
조심스럽게 어루만지며 깨끗이 씻어
진한 소금으로 내 고집도 꺾고
내 자랑도 꺾을
님의 손길을 조용히 기다리네

님의 손길
가까운 곳에서 마주 잡게 하려고
진하게 화장도 하고
분장도 하며
님이 오시기를 기다리게 하네

허허 호호 헤헤
님의 웃음소리에 발그레한 얼굴을 붉히며
이 쪽 님도 보고
저 쪽 님도 보며
예쁜 얼굴을 어루만지네

한랭전선(寒冷戰線)

한파가 제집인양
세월의 사슬에 묶어두고
세상을 꽁꽁 얼어붙게 하여
언 발을 동동 구르게 하고

냉냉한 마음은
인정마저 더더욱 움추려 뜨려
삭막한 인생길에 두 눈을 감게 하네

전쟁의 잿더미를 지나 온
역전의 용사처럼 으스대는
동장군의 거들먹거림에
온 몸이 움츠려드는 것이

선을 따라 줄지어 가는
산사나이들의 느린 발걸음에
동토가 된 고산의 주저앉은 침묵의 소리인가

겨울바람

한겨울
서릿바람 위로 부는 바람은
독살스런 계모(繼母)의 잔소리처럼
저녁길 가는 나그네의 가슴에 파고들어
비인 속을 떨게 하고
강 길을 걷는 강바람은
강물을 어루만져 물빛을 반짝 별이 되게 하여
나그네의 작은 눈에 환한 빛을주네

샛 겨울
도시의 골목길을 누비는 바람은
개구쟁이의 심술이 되어
초저녁길 가는 행인의 바짓가랑이를 붙잡아
발걸음을 멈추게 하고
산기슭을 오르는 산바람은
길목에 버티고 선 노송에게 꾸벅 인사하며
어디론가 휑하니 달려가네

월동(越冬)

칙칙한 산자락 한 모퉁이에서
고즈넉이 팔 베게 하고
한겨울이 어서가기를 기다리는 작은 생명이
된바람에 눈살을 찌푸리며 먼 하늘을 바라본다
어서어서 따스한 바람이 재 너머 달려오라고 …

꽁꽁 얼은 강기슭 어귀에서
납작이 엎드려
한겨울이 어서가기를 기다리는 작은 생명이
삭풍에 두 눈을 질끈 감으며 먼 바다를 바라본다
따스한 봄기운이 물길 따라 어서 달려오라고 …

세모(歲暮)

아직도 인정에 미련이 어깨동무하기에
자꾸자꾸 뒤를 돌아보는데
세월아 너는 눈길도 주지 않고 앞만 보고 달려가느냐
네가 가는 길에
때 묻은 내 마음도 보퉁이 채로 가져가려무나

붉은 눈물 흘리며 재 넘어가는 허기진 해야
무슨 미련을 두었기에
빼꼼이 고개를 내밀고 눈짓을 하느냐
네가 가는 길에
어두워진 내 그림자를 지워주고 가려무나

4부

상수리나무 언덕에서

나의 주(主)여!

주가 오신다
무너진 내린 聖을 다시 세워 주시려고
주가 내게로 들어오신다
나귀를 타고
王의 권세(權勢)로 들어오시는 주를 향해
큰 소리로 함성(喊聲)하라

주가 오신다
어두움에 꽁꽁 묶인 나에게
광명천지(光明天地)를 보여주시려고
주가 지금 내게로 들어오신다
하늘 끝자락까지 붙잡고 당당(堂堂)하게 들어오시는
주를 향해 크게 더 크게 손을 흔들라

부활(復活)

하늘이 열리며
칠흑(漆黑) 같은 어둠이 걷혔다
억눌리고 짓눌림에서
이제 진정(眞正)한 자유를 얻었다
보인다
달이 보인다
별도 보인다
그리고 내가 보인다
내 갈 길이 바르게 정해졌다

주께서 눈을 뜨셨다
큰 숨으로 죽음의 권세(權勢)를 몰아내셨다
주께서 일어나셨다
무덤 문이 열리고
광명천지(光明天地)의 빛이 무덤 안을 샅샅이 훑어
본다
이제는 죽음이 없다
살고, 살고, 또 사는 것뿐이다

님은 어디에

지난 해
마주 앉아 눈웃음 하던 님이 너무 보고파
추파를 던지며 추풍은 먼 길을 찾아왔건만
님은 어디로 가고
낯선 이들만 님의 자리에 가득 있는가

지난 해
함께 덩실덩실 춤추던 님이 그리워
허리 춤 부여잡고 추풍은 잰걸음으로 달려왔건만
님은 어디로 갔는지
빈자리엔 먼지만 수북이 쌓여있네

님을 만나러

따라 갑니다
앞서서 솔밭 길을 내달리며
힐끔힐끔 뒤돌아보는 바람을 따라 갑니다
모퉁이 곁에 숨어
나를 기다리는 님을 만나게 하려는
바람을 따라 갑니다

떠밀려 갑니다
언덕너머에서 나를 보고파 하는 님을 향해
세월에 떠밀려 갑니다
종이배에 꿈을 싣고 세월의 강에 젊음을 띄워
하늘을 바라보는
세월에 떠밀려 갑니다

상수리나무 언덕에서

천성을 향해 두 팔을 벌리는 자여!
네 앞에 펼쳐 있는 아름다운 땅을 보라

뜨거운 열정으로 섬기기를 소망하는 자여!
피범벅이 된 주님의 십자가를 보라

소원을 이루기 위해 무릎을 꿇고 눈물로 기도하는 자여!
헐벗은 몸으로 굶주린 배를 움켜쥔 어린아이의 눈망울을 보라

주님의 사랑으로 대접하기를 기뻐하는 자여!
대접 받으며 송구해 하는 겸손함을 보라

짙푸른 하늘과 붉은 단풍을 보고 풍경에 감탄하는 자여!
하늘 향해 두 팔을 벌리고 하나님을 찬양하는 영광을 보라

푸른 초원에 누워 하늘을 바라보고 두 눈을 감는 자여!
평안을 선포하며 내 곁에 계신 주님을 보라

산천경계(山川鏡界)

이 산등 밀쳐 저 산등 만들고
저 산등 밀쳐 이 산등 만들어
산산이 첩첩 하늘에 닿으니
풍광(風光)이로세
풍광(風光)이로세

이 굽이 밀쳐 저 굽이 만들고
저 굽이 밀쳐 이 굽이 만들어
강들이 굽이굽이 돌아 산허리 감으니
경계(鏡界)로세
경계(鏡界)로다

좋고 좋고

내 곁에 빈 잔이 있는 것은
빈 잔을 채우는 기쁨이 있어 좋고
또 내가 빈 잔을 가득 채울 때에는
가득 채움의 만족이 있어 좋기만 하네

내 곁에 아무도 없는 것은
이제 곁에 있어 줄 사람이 있어 좋고
또 내게 다정한 친구가 있는 것은
그 친구로 인해 웃을 수 있어 좋기만 하네

입성(入城)

주님이 나에게 들어오신다
깊은 잠에서 벌떡 일어나 감격의 소리를 들으라
눈을 들어 주님이 오시는 모습을 바라보라
주님을 맞으러 자리를 박차고 나아가라
그 발아래 납작 엎드려 경배하라
그는 나의 생명이시다

이제 옷을 벗으라
거짓과 교만과 위선의 옷을 벗으라
그 옷을 주님 발아래 두어 밟고 지나가시게 하라
손을 흔들라
빈손으로 흔들지 말고 종려나무 가지를 들고 흔들어
힘차게 소리를 지르라
내 생명의 주관자시여 나를 긍휼히 여기소서

낙조(落照)

내가 낙조에 지친 몸을 실어
저 산을 굽이굽이 넘어가는 것은
새 아침의 기쁨을 누리기 위함이요

내가 낙조에 병든 몸을 실어
저 바다를 어기적어기적 저어가는 것은
새 아침의 감격을 누리기 위함이다

국향(菊香)

성전에 가득한 국향으로
내 가슴에
남은 가을을 담습니다

스믈스믈 감싸 도는
국향의 진한 내음으로
가을의 옷을 입습니다

가을 향기 가득한
노란 국화로
머리에 핀을 꽂습니다

구석구석 배어있는
국향에 취해
두 눈을 살포시 감습니다

공중에 가득한
국향의 내음을 한아름 안고
덩실덩실 가을이와 춤을 춥니다

성전에 가득한 국향으로
주님의 사랑을
내 가슴에 가득 담습니다

왜

하얀 달빛에 곤한 몸 적시며
산기슭을 넘어가는 나그네
갯잠에 깨어 해찰하는 밤바람에 몸을 말리며
왜 한숨을 몰아쉬는가

부지런히 하룻길 다 갔는데
무엇이 아쉬워 산기슭에 다리 걸고
자꾸자꾸 뒤돌아보는 붉은 노을에
왜 눈을 떼지 못하는가

사계(四季)

눈꽃송이 흔들고 어깨를 으쓱거리며
찬바람을 몰고 왔던 겨울은
꽃내음도 한 번 맡지 못한 채
봄바람에 밀려 쫓겨 가고

꽃향기 풀풀 풍기고 눈짓을 찡긋찡긋하며
따스한 바람 가득 싣고 왔던 봄은
춤 한 번 추어보지도 못한 채
뜨거운 햇살에 밀려나고

뜨거운 입김 훅훅거리며 눈을 부릅뜨고
빚쟁이처럼 찾아 왔던 여름은
숨소리 한 번 내쉬지 못한 채
살그머니 달아나고

때때옷 자랑하고 나풀나풀 춤추며
소슬바람 몰고 왔던 가을은
춤사위 한 번 보여주지 못한 채
동장군 위세에 줄행랑쳤네

쉬어가시구려

한아름 등짐지고 산길 넘어가는
허리 굽은 나그네여
이제 좀 쉬었다 가시구려
등걸나무에 기대어
푸른 숲도 보고
두둥실 떠가는 흰 구름에 멋진 그림도 그려가며
한숨이라도 크게 쉬고 가시구려

큰 보따리 양 손에 꼭 쥐고 들길을 가로질러가는
백발의 아낙네여
이제 좀 쉬었다 가시구려
들판에 누워
푸른 하늘에 숨어 있는 작은 별도 찾아보고
공중에 나는 작은 새와 함께 노래하며
즐겁게 쉬고 가시구려

길목

동해의 잔물결을 어루만지고
콧노래로 사랑을 노래하며
태백을 넘어온 아침 햇살이
잠잠히 누운 도시의 들창으로
곤히 잠든 나그네 얼굴을 살며시 들여다봅니다

남해의 따스함을 가슴에 안고
님에게 들려주고픈 사랑의 노래를 부르며
황량한 들판을 지나 온 봄바람이
살며시 열린 도시의 들창으로
졸고 있는 나그네의 얼굴을 가만히 더듬어봅니다

부활

하늘 문이 활짝 열렸다
영원한 죽음의 빗장이 풀리고
영원한 삶의 길이 활짝 열렸다
이제 일어나라
주께서 다시 사셨으니 이제 우리도 다시 살자
죽음의 침묵에서 벗어났으니
영원한 삶을 위해 기쁨의 노래를 부르자

하늘 문이 활짝 열렸다
내 마음에 꽁꽁 숨겨진 미움과 원망의 빗장이 풀리고
기쁨과 감사를 노래하는 사랑의 문이 활짝 열렸다
이제 일어나라
주께서 평강을 주셨으니 이제 우리도 평강을 누리자
새 생명을 얻었으니
영원한 나라를 바라보며 영광의 노래를 부르자

만만정(萬滿情)

먼저 가겠노라
사전에 통지 한 장 없이
자식새끼 얼굴 한 번 뒤돌아보지도 않고
구름타고 훌쩍 떠나
두메산골 산 비알에 누워
논두렁 밭이랑 허리둘레 세어가며
늙어가는 자식 기다리는
보고픈 내 어머니 내 아버지

쉴 새 없이 돌아가는
세월의 굴레 속에
앞산 등성이를 스믈스믈 넘어가는 구름마다
자식 얼굴 그리고
언젠가는 다시 볼 그날을
한 날 두 날 손꼽아 가며
늙어 꼬부라져 스러져 가는 소나무에게
자랑하는 내 어머니 내 아버지

갈증

청산을 소복이 덮고 있는 흰 구름은
사랑하는 님의 따스한 손길인가
세파에 찌들은 심신에
살포시 덮은 입술되어 따사로움이 스며드네

청산을 꼭 붙들고 있는 청산은
굳게 잡은 님의 뜨거운 연정인가
흙먼지 뒤집어 쓴 마음에
소록이 내리는 봄비로 적셔오네

파도

두 눈 지그시 감은 채 팔 베게하고 누워
하늘을 그리며
천년세월을 기다려 온 커다란 바위에
파도는
왜 자기 몸을 모질게 내던지는가

바람소리 가슴에 안은 채 백사장 귀퉁이에 버티고 서서
고개 숙이고
천년세월을 세고 있는 바싹 마른 노송에게
파도는
무슨 할 말이 많아 시도 때도 없이 소곤대는가

산상의 기도

한밤중
도시의 붉은 등을 등짐지고 하늘 길을 올라 간다
물보라 일으킨 뱃길처럼
하얗게 펼쳐진 산길 따라 하늘로 올라 간다
굽이굽이 돌아간 발자취를 덧 밟으며
하늘 길을 따라 간다

산 길목어귀
고개 숙인 풀섶 따라 하늘 길을 찾아 간다
사열하는 군대처럼
기게 늘어 선 소나무 따라 하늘 길로 올라 간다
고요를 가슴에 안고 무릎 꿇은 기도를 통해
내 마음 하늘로 올라 간다

바람

한무리 먹장구름 온 산하를 덮어
으르릉으르릉 괴성을 지르며
눈알을 부라리고 으름장 놓아도
한 줄기 바람에 등 떠밀려 어디론가 달아나 버리고
새털구름 살랑살랑 날갯짓 하며
달아나는 먹구름에게 잘 가라 인사하네

실눈도 뜨지 못하게 내리 쏘는 소나기
동리방리 구석구석 찾아다니며 힘자랑해도
한 줄기 바람에 등 떠밀려 슬그머니 사라져버리고
영롱한 무지개 실눈웃음 치며
멀어져가는 소나기에게 씻겨줘서 고맙다 하네

뙤약볕

지글거리는 뙤약볕으로 하얗게 녹아버린 간이역
부지런한 강아지 한 마리
잃어버린 무언가를 찾는지
작은 코를 벌름거리며 이리저리 싸돌아다니고
언제 올른지 알지도 못하면서
작은 간판 그늘 밑에
커다란 보퉁이 끌어안고
고개를 떨군 채 연실 하얀 철로를 바라보는
새까맣게 그을은 여름 나그네

불볕으로 녹아버린 철길 따라 늘어 선 코스모스
말없이 훌쩍 떠난 님을 기다리는지
잔바람에도 두리번두리번 쉼이 없고
한낮 무더위에 지쳤는지
입이 째질 것 같은 큰 하품으로 진저리 치며
짓누르는 졸음에 눈꺼풀이 힘없이 풀어진
새까맣게 그을은 여름 나그네

고산 노송아!

시커먼 연기를 뒤집어쓰고 온갖 상을 찌푸린 채
가물가물한 산등성이를 스멀스멀 기어오르는
먹구름을 바라보며
한바탕 휘돌이를 염려하여
옷깃을 고쳐 매는 고산 노송아!
해마다
한두 번씩 지나가는 행사에
올여름에는 왜 그리 몸 사리를 하는가

으르렁으르렁 으름장으로 어깨를 들썩이며
이 산등성 저 산 계곡을 휘돌이 치는
한여름 태풍이 두려워
마당바위에게 발목을 꼭 잡아달라는 고산 노송아!
비구름도 광풍도 지나가고
나그네도 세월도 지나가건만
오늘도 너를 때리는 바람만이 자네의 오랜 친구라네

바람이 부릅니다

바람이 부릅니다
세월을 한아름 안고
슬금슬금 흘러가는 강물을 보라고
애절하게 바람이 부릅니다

바람이 부릅니다
세월의 풍상을 안고
천년을 기다리고 있는 꼬부라진 노송을 보라고
소곤소곤 바람이 부릅니다

바람이 부릅니다
세월에 문드러진 발걸음을 안고
산등성이에 주저앉은 넓적바위 보라고
씽씽씽 바람이 부릅니다

바람이 부릅니다
떠밀려 간 세월을 품에 안고
꼬부라진 허리로 종종걸음 하는 나그네와 친구하자고
슬금 바람이 팔짱을 낍니다

버려지는 세월

자신만만하게 허공을 치며
세상을 향해 불끈 쥐었던 두 주먹도
맥없이 풀어놓고 그렇게 가셨구려

군중에게 고래고래 고함치며
뒷줄에 설 것을 역설하던 그 입술도
하얗게 질린 채 그렇게 가셨구려

한 푼이라도 더 넣으려고
크게 벌렸던 호주머니도
재재하게 꿰맨 채 그렇게 가셨구려

야욕을 이루려고
자신마저 기만하던 그 머리도
바닥에 버린 채 그렇게 가셨구려

가고 가고 또 가고

간밤에 무수하게 쏟아진 별을 주우려고
높은 산을 올라갑니다
가파른 언덕에 숨이 막히고 다리가 후들거려도
색색거리며 올라갑니다
힘에 부쳐 지치고 지쳐
눈이 가물가물거려 못 오를 것 같으면
바람이라도 타고 올라가렵니다

간밤에 무수하게 꾸었던 꿈을 찾으려고
백사장을 달려갑니다
먼동이 눈을 뜨고 파도가 휘몰려 와도
줄기차게 달려갑니다
파란 하늘이 노랗게 보여 착시가 일어
속이 울렁거려 못 달릴 것 같으면
바람에 실려서가도 달려가렵니다

생동(生動)

별을 잡으러 올라갑니다
욕망의 도시가 집어 삼킨
밝은 별을 잡으러 첩첩산중에 올라갑니다
가파른 능선 바위와
새까만 골짜기 샘물과
손을 꼭 잡고 산중으로 올라갑니다

꿈을 잡으러 달려갑니다
미움과 욕망에 도적질 당한
소박한 꿈을 잡으러 이상을 향해 달려갑니다
하얀 이 드러난 가시나무와
구불구불 덫을 놓은 넝쿨들이
발목을 잡아채도 이상을 가슴에 안고 달려갑니다

네가 아느냐

청산을 베게 삼고
천년을 졸고 있는 마당바위야
너를 보려고 산등을 짊어진 나그네의
거친 숨소리를 듣고 있느냐
파란 하늘을 붙잡고
백년을 버티고 선 고목아
지친 다리 붙잡고 산너울 넘어가는 나그네의
타는 목마름을 네가 아느냐

느긋이 뒷짐 지고
산천을 싸돌아다니는 흰 구름아
한가로이 그려대는 그림에 이 꿈 저 꿈속을 헤매는
나그네의 그리움을 아느냐
쪼르륵 쪽쪽 입 맞추며
청산을 떠도는 작은 새야
지친 마음 깊숙이 숨긴 채 낙향하는
나그네의 애절한 눈물을 네가 아느냐

타는 노을

해는
보내는 하루가 아쉽고 아쉬워
자기 몸을 태우는가
해는
내일을 사랑해서 새 것으로 나타내려고
자기 몸을 태우는가

모닥불 같은 저 하늘은
한없이 널부러져 어두움을 막을 기력이 없구나
해야
해야
내일도 나를 좀 보려무나

하루

동산에서 실눈으로
온누리를 미소로 바라보는 아침 해는
새 날로 새 일을 꾸미려는 자의
즐거움을 보는 빙그레입니다
누릴 수 있을 때 마음껏 누리는 것이
진정한 즐거움입니다

산마루에 걸터앉아
온누리를 애처롭게 바라보는 낙조가
지난 세월의 흐름이 아쉬워서
애 타는 것이 아닙니다
혜택을 혜택으로 알지 못하고 덤벙덤벙 늙어가는 것이
안쓰럽기 때문입니다

5부

[수필] 빛이 부릅니다

스승 · 1

딸그락딸가락 도시락 여는 소리. 오늘도 도시락이 없는 나에게 내 짝은 언제나 진수성찬이다. 여느 때와 다름없이 살며시 일어나는 나를 힐끗 쳐다보던 내 짝은 책상 가운데 그어놓은 중앙선에 팔을 쭉 뻗고 머리로 도시락을 가린 후 야금야금 잘도 먹는다. 어제도, 그제도 늘 같은 일이었는데 오늘은 그 모습이 너무 밉고 화가 났다. 순간 무언가 알 수 없는 분노가 헛구역질과 함께 일어나 내 짝의 머리를 도시락에 힘껏 처박았다.

우당탕퉁탕! 교실이 난장판이 되도록 나는 내 짝과 싸웠다. 퉁퉁 부은 얼굴을 보이기 싫어 고개를 푹 숙이고 창고 뒤쪽에 쪼그리고 앉아 엉엉 소리 내어 굶주린 짐승처럼 한없이 울었다. 짝에게 맞아서 아픈 것보다 더 큰 아픔이 어린 내 가슴에 응어리져 있었다.

선생님에게 불려 온 내 젊은 엄마는 한없이 비굴했다. 먹고 살기에 정신이 팔려 자식 교육을 잘못시켜 죄송하다고 연신 굽실거렸다. 어두움이 온 동네를 감싸 안을 때 쯤 힘없이 집으로 돌아오는 발걸음은 젊은 엄마나 짝에게 맞아서 몰골이 말이 아닌 아들이나 한없이 무거웠다. 젊은 엄마는 말없이 앞서 가는 아들에게 "하라는 공부는 안하고 왜 싸우고 왜 맞고 다니냐"고 볼멘 소리로 다그쳤다.

"나도 개처럼 쌀밥 먹으면 얼마든지 이길 수 있어!"

뒤따라오는 발자국 소리가 들리지 않아 뒤를 돌아보니 젊은 엄마는 개천가에 쪼그리고 앉아 고개를 묻고 꺼이꺼이 통곡하고 있었다. 아들도 엄마의 울음소리에 발걸음을 멈추고 보이지도 않는 검은 하늘을 쳐다보고 소리 내어 울었다. 철딱서니 없는 아들은 젊은 엄마의 작은 가슴에 대 못질을 한 것이었다.

집으로 돌아오는 길은 한없이 멀고도 멀었다. 얼마 후 자리를 털고 일어난 엄마는 텅 빈 하늘을 바라보고 우는 아들의 작은 손을 꼭 잡고 "엄마가 못나서 그렇다고 하며 사내대장부는 함부로 우는 것이 아니다"라고 하였다. 아들의 가슴에는 한을 품고 떠나지 않는 그날의 엄마의 절규가 아직도 생생하게 살아서 꿈틀거린다. 큰 길 모퉁이 빵집에서 풍기는 찐빵 냄새가 허기진 아들의 창자를 자극해 노래를 부르게 한다.

"자식 교육 잘못시켜 죄송합니다!"

선생님 앞에서 머리를 조아리며 사죄하던 엄마는 식민지 격동의 시절 배움이 없어서 더듬거리는 글 읽기에 가슴이 답답하고 어눌해서 자식만큼은 중학교라도 졸업시키겠다는 젊은 엄마의 절규는 내면 깊숙한 곳에서 터져 나오는 아픔이고 염원이었다. 아들은 엄마의 퉁퉁 부운 눈두덩에서 하염없이 흐르는 눈물을 아는지 모르는지 짝한테 얻어맞아 퉁퉁 부운 얼굴울 모로 하고 손바닥만한 방구석에서 쿨쿨 잠도 잘 잔다.

다음 날 아침 창피해서 학교가기 싫다고 떼쓰는 아들에게 작대기를 들이대며 "무식해서 천대 받고 살려면

다 때려 치라"고 호통하는 엄마의 큰 소리에는 아들에게 기대하는 작은 작은 소망이 담겨 있었다. 신작로 먼 길 모퉁이를 돌아갈 때까지 아들을 지켜보는 엄마의 눈가에는 아직도 어제의 배고픈 설움이 한줄기 주르르 흐르는 눈물로 대신한다.

통통 부운 얼굴을 누군가에게 들킬까 고개를 푹 숙이고 괜스레 길가에 널부러져 있는 돌멩이를 툭툭 걷어차며 등교하는 아들은 아무 생각이 없다. 그저 그렇게 땅만 보고 갈 뿐이다. 그날따라 더 환하게 비취는 따가운 햇살이 교실 창으로 쏟아져 들어 와 얼굴이 더 화끈거려 얼얼하기만 한데 아무도 말을 걸지 않아 멀리 내다버린 외톨이로 혼자 남아 있다. 점심시간에 짝꿍 녀석은 여전히 진수성찬 도시락에 얼굴을 파묻고 만찬을 즐기고 있고 아들은 조용히 일어나 교실 뒤꼍에서 배고픈 아이들을 기다리는 우물로 가서 한 두레박 물을 벌컥벌컥 들이킨다. 오늘따라 물맛이 더 시원하다.

종례시간에 담임선생님께서 남으라는 말씀에 가슴이 철렁 내려앉은 아들은 철없는 작은 가슴을 억누르는 답답함을 풀 길이 없어 큰 숨만 헐떡거린다. 모두가 다 가버린 텅 빈 교실에서 선생님은 어린 제자에게 "배고픈 것을 경험하는 것은 아주 중요한 재산이야!"라고 하시며 감싸 안으신다.

"진실한 사람, 정직한 사람이 되려면 참아야 할 것이 너무나도 많아 지나고 나면 좋은 추억이며 네 재산이 되는 거야!"

어둠이 어슴푸레 몰려오는 저녁에 집으로 돌아오는 아들의 손에는 선생님이 들려주신 하얀 봉지에 설탕범벅 도넛이 다섯 개나 들어 있다.

오늘의 어두움은 어제의 어두움과 사뭇 다르다.

어린 동생들의 새까만 얼굴들이 동그란 도넛에 하나씩 들어있다.

스승 · 2

1967년 어느 초여름이다.

시끌시끌 벅적벅적 새벽부터 등교해 하루 종일 좁은 교실에서 북적이다가 어두움이 사르르 감싸 안는 하굣길, 집으로 돌아가는 발걸음들이 꽤나 씩씩하다. 오늘도 어김도 없이 아현동 한 구석에서 아옹다옹 서로의 가슴을 부대끼며 장래의 꿈을 이야기하다 보니 집에 빨리 가라고 배에서 쪼르륵 신호가 온다.

몇몇 동행하는 친구들과 비좁은 버스 안에서 떠드는 재미는 무슨 영웅이라도 된 것처럼 목청을 점점 더 높여 간다. 친구들보다 제법 키가 큰 나는 구부정한 자세로 연신 궤변으로 친구들의 궤변에 맞장구치며 걸걸거린다. 또래들이 아무 생각 없이 즐겨 쓰는 육두문자를 꽤 맛있는 양념이라도 되는 듯이 말꼬리마다 주렁주렁 매달고 비좁은 버스 안을 독점한다. 종일 일터에서 부대껴 지친 몸을 차창에 기댄 승객들을 가득 품고 낡은 버스는 곡조도 없는데 흔들흔들 춤을 추며 잘도 달린다.

누군가 목소리 크고 덩치 큰 내 배를 툭툭 치는 바람에 눈깔을 내리깔고 보니 아주 쬐끄만 새댁이 불룩하게 부른 배를 감싸 안고 독사의 눈으로 째려보며 앙칼지게 악을 쓴다.

"힘들고 어려운 이 나라의 장래를 짊어지고 고민해야 할 학생들이 버스 안에서 욕설이나 하니 연약한 여자들이 누구를 의지하고 살아야 해!"

시끌시끌하던 버스 안은 순식간에 찬물을 뒤집어 쓴 강아지처럼 조용하고 다소곳해져 잠시 정적이 무섭게 파고든다. 모든 사람들의 시선이 나에게로 독살처럼 세차게 쏟아진다.

모든 욕설을 다 뒤집어 쓴 채 엉거주춤 어쩔 줄 몰라 창피로 벌겋게 달아오른 얼굴을 숨기려고 거의 한 정거장 탄 버스에서 도망치 듯 뛰어내려 죄 없는 돌멩이를 걷어찬다. 한 짐이나 되는 책가방을 늘어뜨린 채 걷고 또 걸었다. 신촌을 지나 동교동으로 양화대교를 건너가며 한여름의 뙤약볕을 자성의 화살로 실컷 맞았다. 땀에 흠뻑 젖은 교복이 강바람에 살랑거림을 느끼며 교각 밑을 말없이 흐르는 강물을 내려다본다. 현기증이 일어난다.

고3, 여러 가지 여건상 대학에는 갈 처지가 못 되고, 졸업은 얼마 남지 않았고, 이 생각 저 생각에 지쳐 헛구역질이 난다. 이름도 알 수 없는 수많은 사람들이 나에게 거는 기대가 이토록 있었는가? 몇 시간을 걸으며 강바람을 친구 삼아 생각하고 또 생각하며 묻고 또 물으며 해답을 그려본다. 나는 지금 무엇을 하고 있는가? 한강물은 제 갈 길이 어딘가를 알고 가는가?

이름도 모르는 쬐끄만 새댁의 한 마디 훈계가 내 인생길에서 나를 탈선하지 않도록 천둥 같은 소리로 나무

람에 나는 잃어버렸던 고민 보따리를 풀어 놓게 되었다. 새댁의 훈계에서 해답을 찾지 못했을지라도 나를 지도해준 스승 중에 귀한 사람으로 내 인생에 아직도 소중하게 남아있다.

빛이 부릅니다

어둑어둑 어둠이 몰려오는 저녁이 되면 하나 둘 색색으로 요염을 드러내며 네온의 불빛이 거리거리에 번뜩입니다.

진리의 빛을 잃어버린 마음에 근심의 어두움이 찾아오면 상대적으로 유혹의 불빛이 반짝이며 혼란을 가져옵니다.

어두움으로 본질을 가린 채 현란한 빛으로 다가오는 유혹의 손짓은 야릇한 흥분을 일으켜 자신을 가늠하지 못하게 합니다.

어두움을 좋아하는 사람은 그 어두움으로 인해 넘어지기가 쉽습니다.

본색을 감추고 화려함을 앞세우며 위장으로 다가오는 어두움의 유혹이 단 한번뿐인 인생길에 커다란 상처가 되어 그 흔적을 볼 때마다 회한을 갖게 합니다.

누구에게나 되돌아올 수 없는 길을 가는 나그네 인생길입니다.

좋은 것도 잠시뿐이요, 안타까움도 잠시뿐입니다.

가슴 아팠던 사건은 나그네의 마음을 헤집어 가며 이리 비틀고 저리 비틀어 내내 아픔으로 남습니다.

오늘도 어김없이 어두움이 내려옵니다.

굳은 마음을 가지고 진리의 빛이 인도하는 대로 살겠다고 매일을 다짐하는 허기진 나그네의 인생길 한 모통이에 어느 틈엔가 빛으로 가장한 어두움의 유혹이 번뜩번뜩 눈알을 번뜩이며 다가옵니다.

늘어진 버드나무가 하늘거리며 바람에 흔들거리는 것이 멀리멀리 운치로 보이지만 사실은 온갖 진딧물이 이파리 사이마다 가득합니다.

나그네의 삶속에 진딧물처럼 기생해서 본연의 순수를 갉아먹어 아픔을 주고 무기력을 주어 병들게 하는 어두움이 있습니다.

오늘도 나그네는 섬광으로 하얗게 쏟아지는 빛으로 하얗게 감싸 안기면서 아무런 생각도 어떠한 욕심도 하얗게 부서져 그저 멍멍한 백치가 되어 하얀 하늘을 날아갑니다.

제 갈 길을 제가 간다고 제가 가는 것도 아닌데 나그네는 제 갈 길을 간다고 오늘도 부지런을 떱니다.

오늘도 빛이 나그네를 부릅니다.

길

촘촘히 차창에 부딪치는 새하얀 빛이 어설픈 나그네의 둔한 발걸음을 꽁꽁 붙잡아 허겁지겁 가야 할 머나먼 길을 더욱 멀어지게 합니다.

인적이 드문 산기슭에 외로이 망부석이 되어 애절하게 사랑하는 그 사람을 기다리듯 초여름 밤을 기다리고 기다려 세차게 흩어져 내리는 빗방울이 메마른 나그네의 가슴에 푸르름을 가져다줍니다.

허름한 우산 속에 갇혀있는 청춘들은 때를 만난 듯 사랑하는 사람의 허리를 사랑의 끈으로 꽁꽁 묶어 감싸 안으며 덩실덩실 발걸음도 가볍습니다.

세월의 서리에 하얗게 젖은 초로의 나그네는 발걸음에 톡톡 부딪치는 빗방울을 오랜 벗으로 삼아 멀리멀리 달아나버린 옛생각에다 자신의 어설펐던 사랑을 깊이깊이 묻어갑니다.

쿠당탕쿵탕 큰소리를 지르며 내리는 소나기의 심술을 끄집어내고 먹구름을 헤집고 거침없이 쏟아지는 초여름의 햇빛은 당당하게 자기의 사랑을 고백하는 흑기사가 되어 고개 숙인 나그네의 마음에 생기가 됩니다.

잠시 지나는 소나기가 그치기를 기다렸다가 산모퉁이를 돌아온 한줄기 바람은 초여름의 끈끈한 땀 내음을 실어가고 정성을 드려 곱게 말은 김밥의 감칠맛은 허기진 나그네에게 평안을 줍니다.

담장 곁에 비스듬히 기대서서 빨간 피를 뚝뚝 흘리면서도 예쁜 눈을 찡긋찡긋하며 나그네에게 요염을 떠는 넝쿨장미는 더욱 더 새빨갛게 달아오른 얼굴로 나그네를 유혹합니다.

동네 어귀에 떡 하니 버티고 서서 온갖 간섭을 하며 늙어감을 과시하는 느티나무 그늘이 먼 길을 달려온 나그네에게는 편안한 쉼터가 됩니다.

작은 텃밭에 옹기종기 모여앉아 주절주절 매달려 나그네의 부드러운 손길을 기다리는 작은 고추들이 모퉁이를 돌고 도는 바람돌이에게는 심심치 않은 재밋거리입니다.

어디선가 둥둥둥둥 흥을 돋우는 북소리가 나무 그늘에 누워 파란 하늘을 보며 꿈을 꾸는 나그네에게 어차피 가야 할 머나먼 길을 재촉합니다.

한낮

질척질척한 장마가 저 모퉁이로 살짝 돌아가는 듯 하더니 하얀 광목을 벌판에 널어놓은 듯 하얗게 느껴지는 한 낮에 따가운 한여름의 햇살이 독기를 가득 품고 대지를 째려봅니다.

이글이글 끓어오르는 분노를 어디에 쏟아 놓을까 두리번거리는 흰 낮의 태양이 나그네의 약하디약한 마음을 따끔따끔 물어 세상이 온통 새하얀 바다로 보이게 합니다.

동리 어귀에 수백 년 동안 마을을 지키며 홀로 서 있는 느티나무 그늘을 친구 삼은 노인들도 한 점 바람도 없는 한여름의 뙤약볕에 그만 지쳤는지 연실 부채질만 합니다.

멋대가리 없이 키만 훌쩍한 수수깡이 가늘게 부는 바람에 이리저리 흔들흔들 춤을 추는 것에 겨우 실바람이 지나가는 것을 솜털로 느낄 뿐입니다.

신세 한탄을 하는지 맴맴 구슬프게 울어대는 매미소리에 꼬리에 빨간 색동을 입힌 작은 고추잠자리 한 마리가 뱅글뱅글 맴을 돌며 춤을 춥니다.

부르릉 시동 거는 자동차의 뜨거운 바람이 나그네의 마른 목을 억죄어 더욱 더 답답하게 합니다.

그렇게 많았던 흰 구름, 검은 구름은 모두 어디로 가고 망망한 하늘 바다에 분노로 이글거리는 태양만이 독

재자가 되어 갖은 폼을 다 재며 제 하고픈 대로 하는데 조각구름 하나라도 잠시 그 분노를 멈추게 해주었으면 하는 바램입니다.

다 떨어진 선풍기가 신경질 부리며 발악을 하듯 쳇바퀴 돌며 뜨거운 바람을 토해낼 때마다 나그네의 마른 가슴은 숨이 턱턱 막혀 옵니다.

어디서 나타났는지 왕벌 한 마리가 왱왱 소리를 지르며 나그네를 감싸 안으려고 할 때 온몸에 소름이 더덕더덕합니다.

아낙네는 누구를 위하여 바싹 마른 나뭇가지처럼 허리가 휘어지도록 무거운 장바구니를 들고 한낮의 뜨거운 전쟁터를 거침없이 가는지 나그네를 궁금하게 합니다.

아침

우지끈 뚝딱 지난밤의 어두움은 멀리 사라지고 가물가물 수평선 너머로부터 희뿌연 물안개가 보골보골 피어오르는 새 아침을 살포시 가슴에 안으며 새벽 나그네는 또 하나의 꿈을 꿉니다.

나그네의 냉랭한 가슴에 불이라도 지르려는지 수평선너머로부터 벌겋게 달아오른 해님이가 슬금슬금 얼굴을 들이댑니다.

이른 새벽에 누가 하얀 구슬을 살금살금 뿌려놓았는지 한여름의 새벽 바다는 온통 반짝이는 보석들뿐입니다.

쿵쾅쿵쾅 보무도 당당하게 솟아오르는 해님이는 제 세상을 만난 듯 어깨에 잔뜩 힘을 주며 으스대고 솔솔솔개바람에도 고개를 까딱하는 작은 풀잎은 아침부터 무엇이 못 마땅한지 두 손으로 얼굴을 살포시 감싸 안고 입을 삐쭉삐쭉합니다.

발끝에서 찰랑대는 새끼파도를 친구 삼아 꿈동산을 달랑달랑 뛰어다니며 지난밤을 잃어버린 젊은이들이 하얗게 익어가는 해님이에게 찡긋 눈짓을 합니다.

헉헉 숨을 내몰아 쉬며 산너울을 넘어온 한 마리 작은 새가 나그네 주위를 뱅글뱅글 비행 하며 숨바꼭질하자고 이른 아침부터 졸라댑니다.

살그머니 기대앉은 이슬로 반짝반짝 하얗게 화장하

고 얇은 이술을 삐쭉이며 새초롬이 앉아있는 풀벌레 한 마리가 작은 입을 오물거리며 조잘거립니다.

백사장에 줄줄이 기대 선 해송들이 한무리의 병정들이 되어 하낫! 둘! 하낫! 둘! 목에 굵은 핏발이 서도록 목청을 높여 아침의 고요를 즐기는 나그네를 훼방합니다.

경주를 하 듯 어깨를 겨루며 날으는 갈매기 한 쌍이 여기 좀 보라는 듯이 날갯짓 하며 나그네에게 한껏 자랑을 합니다.

작은 목선 하나가 하얀 아침 바다를 하얗게 가르며 수평선너머로 달려갑니다.

새하얀 아침입니다.

어떤 가을날

가을걷이 김장 무를 한 입에 성큼 베어 물은 것처럼 제법 찬바람이 '쏴'하니 불어 옷소매 속을 파고듭니다.

자그마한 밭떼기에 아무렇게 널부러진 고구마 줄기들이 가쁜 숨을 헐떡이며 시들시들 시들어 갑니다.

굽이굽이 도는 산 비알마다 찬바람에 누렇게 찌들어 가는 낙엽송들 사이로 파르르 떠는 햇살을 받으며 나그네는 산기슭을 터덜터덜 내려갑니다.

밭가랑 사이에 듬성듬성 심어진 들깨들이 소슬바람에 허리가 굽어져 지팡이를 짚은 것처럼 구부정한 모습으로 지나가는 나그네에게 무어라 구시렁거립니다.

멀리 하얗게 씻은 포장길을 내달리는 작은 자동차들의 붕붕거림이 가을바람과 묘한 조화를 이루며 나그네의 눈동자에 아른아른합니다.

알싸한 바람에도 미쳐 떨어지지 않은 밤송이 하나가 어깨를 으스대며 폼을 잡아보지만 쪼르르 달려 온 아기 다람쥐 한 마리에 채여 '툭'하고 땅으로 곤두박질합니다.

솔바람이 소나무 숲 사이로 불어올 때 솔향기가 함께 가자고 솔솔 따라옵니다.

언제부터 꽁꽁 숨었는지 누렇게 바랜 널따란 잎사귀에 얼굴을 가린 채 잔뜩 웅크리고 있는 늙은 호박 한 덩이가 나그네의 발목을 붙잡고 함께 숨어있자고 실랑이를 합니다.

무슨 특공대처럼 여기저기서 벌건 눈동자를 부라리고 무언가 먹을 것을 찾느라 앵앵앵 울어대던 숲속의 무법자들이 나그네를 표적 삼아 번개같이 달려듭니다.

무엇이 놀라게 했는지 배를 깔고 넙죽 엎드려 있는 앞산에서 '휘리릭' 소리를 지르며 달려 나온 작은 산새 한 마리가 상념으로 가을을 즐기는 나그네의 머리 위로 내달아갑니다.

터덜터덜 밭두렁을 지나는 나그네의 발밑에서는 바싹바싹 말라가는 잡초들이 사각사각 노래를 합니다.

땅거미가 스멀스멀 가을을 덮어 나그네의 발걸음을 재촉하고 멀리멀리 빨갛게 피어오르는 피 묻은 십자가들이 잘 가꾼 도시의 장미 화원이 되어 장미 향기를 타고 날아갑니다.

하얀 불빛이 까만 하늘을 가르며 멀리멀리 달아납니다.

추풍(秋風)

한 톨이라도 놓칠세라 눈을 부라리고 악착 같이 긁어 가 휑하니 비어있는 논밭에 무언가 찌끄러기라도 찾아 허기진 배를 채우려는 이름 모를 산새 한 마리가 작은 궁둥이를 씰룩거리며 이리저리 돌아다닙니다.

지난여름 유난히도 비가 많아 넘치던 개울물도 계절을 타는지 세월 속에 그 넉넉함을 잃어버리고 조잘조잘 조잘거림으로 앙탈을 합니다.

푸르름으로 힘을 과시하며 동네방네 폼을 재던 뒷동산 느릅나무가 덩치에 어울리지 않게 숨 가쁘게 달려온 알싸한 바람에 한기를 느끼는지 온몸을 부르르 떱니다.

소달구지가 지나 가 깊게 파인 논두렁길을 따라 느릿느릿 소걸음으로 발을 맞추며 걸어가는 농부의 넉넉함이 어디에 숨었는가 나그네는 작은 눈을 두리번거립니다.

어디선가 콩깍지 타는 매캐한 내음이 고향 없는 나그네의 가슴을 세차게 흔들어 먼 하늘을 바라보게 합니다.

나뭇가지 끄트머리를 붙잡고 바람 부는 대로 그네질하는 감송이의 노래 소리가 바람을 타고 들려옵니다.

가을 나들이라도 하려는지 너나 할 것 없이 울긋불긋한 옷으로 멋들어지게 갈아입고 맵시를 자랑하느라 있는 대로 모양을 내며 매무새를 다듬고 있는 산동네

멋쟁이들의 재잘거림에 온동네가 시끄럽습니다.

자기 혼자 이 가을을 짊어진 듯 고개가 무거운 나그네는 멋쟁이들의 수다에는 관심이 없는지 그저 멍멍한 멍청이가 되어 이 가을의 향기를 훅훅 들이마시며 그냥 그렇게 돌아갑니다.

윙윙거리며 지나가는 자동차 뒤를 쫓아가다 제 풀에 지쳐 나뒹구는 낙엽들이 심심하리만큼 한적한 시골 길가에도 여기저기 수북수북 쌓여 저희들끼리 무언가 재미를 느끼는지 오순도순 쑥덕쑥덕합니다.

낡은 활처럼 허리가 잔뜩 휜 농부의 작은 등에 덩치 큰 등짐이 당당하게 업혀 해지기 전에 빨리 가자고 호령을 합니다.

물 마른 시냇가에 맴돌던 한 줄기 작은 바람이 농부의 바짓가랑이를 붙들고 조금만 쉬어가라고 붙들지만 농부는 못들은 채 하며 발걸음을 재촉합니다.

만추낙서(晩秋落書)

가을의 끝자락을 놓칠세라 반들반들 새 하얗게 얼어붙은 듯 맑은 호수를 잔기침 소리도 없이 스르르 밀려가는 유람선 뱃전에서 두 다리를 쭈욱 뻗고 어두워져 가는 가을과 함께 어우러진 절경에 가을 나그네의 마음을 깊이깊이 묻어 봅니다.

단 한마디 말도 없이 그 자리에서 그런 폼으로 수만년을 버티며 수많은 나그네의 가슴에 두근거림을 주었던 기암괴석에 가만히 콧등을 들이대고 깊어만 가는 가을의 내음을 조금이라도 더 맡아보려고 나그네는 주름진 두 눈을 지그시 감고 한 마리 허기진 강아지처럼 콧등을 씰룩씰룩하며 킁킁거립니다.

금시라도 두 팔을 높이 치켜들고 정신없는 나그네를 덮치려고 우르릉 달려들 것 같은 험상궂은 얼굴에 잔뜩 겁을 먹고 숨소리라도 들릴새라 괴석 사이를 조심조심 돌아갑니다.

생긴 바위틈에 뿌리를 박고 악착같이 살아보겠다고 버티고 섰는 소나무들이 수 천년 세월의 시달림 속에서 이제는 지쳤는지 어깨가 축 늘어져 있지만 풍광과 제대로 어우러져 한 폭의 산수화로 나그네를 위로합니다.

나그네는 고택에 은은하게 배어있는 세월의 숨결을 따라가며 철딱서니 없었던 어린 시절을 찾아 이곳저곳을 두리번거립니다.

가을걷이가 끝난 산 고을마다 누렇게 익을 대로 익어버린 늦가을의 풍경은 쌀쌀한 바람과 제대로 어울리는 쓸쓸함입니다.

희미한 발자국이라도 남기지 않고 스르륵 지나려는 늦가을의 풍광을 깊이깊이 간직하고픈 나그네들은 자그마한 것이라도 놓치지 않고 자기들만의 추억을 만들어 가슴에 가득 안고 가려는지 여기저기서 찰칵찰칵 가을의 주인공이 됩니다.

어디선가 가을을 노래하는 가을의 노래가 깊어만 가는 가을을 안타까운 마음으로 가슴에 안고 빙글빙글 춤을 추며 가을의 문턱을 돌아갑니다.

이 가을을 빨리 떠나보내려는 듯 가을비가 제 대를 만난 것처럼 후두득후두득 장단을 맞추며 내려 늦가을을 즐기려는 나그네의 심사를 매몰차게 흔들어 놓습니다.

앞산 그림자가 잔잔한 호수에 길게 누워 소르륵 잠자리에 들어갑니다.

국립중앙도서관 출판예정도서목록(CIP)

이 도서의 국립중앙도서관 출판예정도서목록(CIP)은 서지정보유통지원시스템 홈페이지(http://seoji.nl.go.kr)와 국가자료종합목록시스템(http://www.nl.go.kr/kolisnet)에서 이용하실 수 있습니다. (CIP제어번호 : CIP2019012452)

김용운 시집

풀잎의 고집

초판인쇄일 2019년 4월 03일

초판발행일 2019년 4월 10일

지은이 : 김용운

발행인 : 김순진

편집장 : 전하라

디자인 : 김초롱

펴낸곳 : 문학공원

등 록 : 2004년 3월 9일 제6-706호

주 소 : 우편번호 03382 서울 은평구 통일로 633
녹번오피스텔 501호 스토리문학사

전 화 : 02-2234-1666

팩 스 : 02-2236-1666

홈페이지 : http://cafe.daum.net/yob51

이메일 : 4615562@hanmail.net